BEI GRIN MACHT SICH IHR WISSEN BEZAHLT

- Wir veröffentlichen Ihre Hausarbeit, Bachelor- und Masterarbeit

- Ihr eigenes eBook und Buch - weltweit in allen wichtigen Shops

- Verdienen Sie an jedem Verkauf

Jetzt bei www.GRIN.com hochladen und kostenlos publizieren

Bibliografische Information der Deutschen Nationalbibliothek:

Die Deutsche Bibliothek verzeichnet diese Publikation in der Deutschen Nationalbibliografie; detaillierte bibliografische Daten sind im Internet über http://dnb.d-nb.de/ abrufbar.

Dieses Werk sowie alle darin enthaltenen einzelnen Beiträge und Abbildungen sind urheberrechtlich geschützt. Jede Verwertung, die nicht ausdrücklich vom Urheberrechtsschutz zugelassen ist, bedarf der vorherigen Zustimmung des Verlages. Das gilt insbesondere für Vervielfältigungen, Bearbeitungen, Übersetzungen, Mikroverfilmungen, Auswertungen durch Datenbanken und für die Einspeicherung und Verarbeitung in elektronische Systeme. Alle Rechte, auch die des auszugsweisen Nachdrucks, der fotomechanischen Wiedergabe (einschließlich Mikrokopie) sowie der Auswertung durch Datenbanken oder ähnliche Einrichtungen, vorbehalten.

Impressum:

Copyright © 2018 GRIN Verlag
Druck und Bindung: Books on Demand GmbH, Norderstedt Germany
ISBN: 9783668946170

Dieses Buch bei GRIN:

https://www.grin.com/document/469439

Lara Steiniger

Trainingsplanung Krafttraining

GRIN Verlag

GRIN - Your knowledge has value

Der GRIN Verlag publiziert seit 1998 wissenschaftliche Arbeiten von Studenten, Hochschullehrern und anderen Akademikern als eBook und gedrucktes Buch. Die Verlagswebsite www.grin.com ist die ideale Plattform zur Veröffentlichung von Hausarbeiten, Abschlussarbeiten, wissenschaftlichen Aufsätzen, Dissertationen und Fachbüchern.

Besuchen Sie uns im Internet:

http://www.grin.com/

http://www.facebook.com/grincom

http://www.twitter.com/grin_com

Deutsche Hochschule für

Prävention und Gesundheitsmanagement

Hermann Neuberger Sportschule 3

66123 Saarbrücken

Einsendeaufgabe

Fachmodul: Trainingslehre 1

Studiengang: Fitnessökonomie

Datum
Präsenzphase 19.02.2018 – 22.02.2018

Name, Vorname: Steiniger, Lara

Studienort: Berlin

Semester: WS2017

Inhaltsverzeichnis

1 **TEILAUFGABE 1 – DIAGNOSE** 3

   1.1 Allgemeine und biometrische Daten 3
      1.1.1 Bewertung des Blutdrucks 3
      1.1.2 Bewertung der Diagnosedaten 4

   1.2 Krafttest 4
      1.2.1 Ablauf 4
      1.2.2 Schlussfolgerungen für die Trainingssteuerung und Trainingsplanung 5

2 **TEILAUFGABE 2 – ZIELSETZUNG/PROGNOSE** 6

   2.1 Begründung der Auswahl der Ziele 6

3 **TEILAUFGABE 3 – TRAININGSPLANUNG MAKROZYKLUS** 7

   3.1 Trainingsmethode 7
   3.2 Belastungsparameter 8
   3.3 Organisationsform 8
   3.4 Periodisierung 8

4 **TEILAUFGABE 4 – TRAININGSPLANUNG MESOZYKLUS** 9

   4.1 Übergeordnetes Konzept der Übungsauswahl 9
   4.2 Begründung der Auswahl der einzelnen Übungen 10

5 **TEILAUFGABE 5 – LITERATURRECHERCHE** 11

6 **LITERATURVERZEICHNIS** 13

1 Teilaufgabe 1 – Diagnose

1.1 Allgemeine und biometrische Daten

Tab.1: allgemeine und biometrische Daten der Person

Alter	19 Jahre
Geschlecht	weiblich
Körpergröße	168 cm
Körpergewicht	52 kg
Trainingsmotive	Muskelaufbau, allgemeine Fitness
berufliche Tätigkeit	Aushilfe in Logistikabteilung (hauptsächlich sitzende Tätigkeit)
aktuelle sportliche Aktivitäten	seit einem Jahr Krafttraining (2-3x pro Woche) ohne systematische Trainingsplanung
frühere sportliche Aktivitäten	keine
Blutdruck	114/74 mmHg
zeitlicher Verfügungsrahmen	3 mal in der Woche, 1,5h
allgemeiner Gesundheitszustand	keine Erkrankungen
Medikamente	keine

Tab. 2: Blutdruckklassifikation des Robert Koch Instituts (modifiziert nach Mancia et al., 2013)

Bewertungsstufen	Systolischer Blutdruck	Diastolischer Blutdruck
	Normblutdruck (Normotonie)	
optimal	unter 120 mmHg	unter 80 mmHg
normal	120-129 mmHg	80-84 mmHg
hochnormal	130-139 mmHg	85-89 mmHg
	Bluthochdruck (arterielle Hypertonie)	
Stufe 1	140-159 mmHg	90-99 mmHg
Stufe 2	160-179 mmHg	100-109 mmHg
Stufe 3	>179 mmHg	>109 mmHg

1.1.1 Bewertung des Blutdrucks

Der Normblutdruck wurde von der American Heart Association im Bereich von unter 120 mmHg bis 190 mmHg systolisch und von unter 80 mmHg bis 89 mmHg diastolisch angegeben. Alle Werte die darüber liegen weißen auf eine arterielle Hypertonie hin. Im Bereich des Normblutdrucks gibt es zudem die Abstufungen optimal, normal und hochnormal. Der Blutdruck der Person liegt somit mit 114 mmHg systolisch und 74 mmHg diastolisch im optimalen Bereich.

1.1.2 Bewertung der Diagnosedaten

Durch die Daten, welche in der Diagnose gewonnen wurden, lässt sich ableiten das die Person trainingstauglich ist.

Ihr Blutdruck liegt, wie in der vorangehenden Bewertung aufgeführt, im optimalen Bereich. Außerdem hat sie hat einen guten allgemeinen Gesundheitszustand und nimmt keine Medikamente ein. Es sind demnach auch keine Einschränkungen in der Krafttrainingsplanung zu beachten.Da sie schon ein Jahr Trainingserfahrung hat, jedoch immer ohne systematischen Trainingsplan trainiert hat, stufe ich sie als fortgeschritten ein.

1.2 Krafttest

Da bei der Person gesundheitlich keine Einschränkungen vorliegen und sie schon ein Jahr Krafttrainingserfahrung hat, habe ich den Mehrwiederholungskrafttest mit 12 Wiederholungen (12-RM-Test) gewählt. Zudem hat die Person schon ein Jahr Trainingserfahrung, was es einfach macht das Gewicht des ersten Testsatzes einzuschätzen.

1.2.1 Ablauf

Vor dem eigentlichen Krafttest habe ich neun Übungen ausgewählt, welche auch im eigentlichen Training von der Person ausgeführt werden sollen.

Zu Beginn des Tests erfolgte ein allgemeines Aufwärmen, welches durch zehn Minuten auf dem Crosstrainer durchgeführt wird. Danach folgt ein spezielles Aufwärmen bei dem jeweils ein Satz pro Übung mit geringem Gewicht absolviert wird.

Anschließend erfolgt der erste Testsatz mit einem subjektiv eingeschätzten Gewicht. Bevor man dann einen weiteren Testsatz durchführt, legt man eine Pause von ca. drei Minuten ein.

Der zweite Testsatz wird dann mit mehr Gewicht durchgeführt. Die Einschätzung, um wie weit das Gewicht gesteigert wird, erfolgt auch hier nach dem subjektiven Befinden der Person.

Gegebenenfalls erfolgt nach einer weiteren dreiminütigen Pause ein dritter Testsatz.

Es wird das Gewicht als Ergebnis mit dem die Person 12 Wiederholungen, technisch korrekt und ohne Unterbrechungen, durchführen kann. Erfolgt das im dritten Testsatz, dann ist auch dieser Wert als Ergebnis zu betrachten. Wird der dritte Testsatz allerdings unterbrochen, wird dieser Wert gestrichen und das Gewicht des zweiten Satzes als Ergebnis genommen.

Tab. 3: Testergebnisse des Krafttests mit 12 Wiederholungen

Testübung	1. Testsatz	2. Testsatz	3. Testsatz	Ergebnis
Kurzhantel-Ausfallschritte	8 kg	12 kg	15 kg	15 kg
Butterflymaschine	18 kg	20 kg	23 kg	23 kg
Beinpresse	10 kg	20 kg	30 kg	20 kg
Rumpfextension Maschine	10 kg	20 kg	25 kg	25 kg
Latzug vertikal (weiter Obergriff)	20 kg	25 kg	30 kg	30 kg
Rumpfflexion Maschine	15 kg	20 kg	25 kg	20 kg
Armstrecken Seilzug	11,5 kg	18 kg	20 kg	20 kg
Bizepscurls auf Schrägbank	10 kg	12 kg	14 kg	14 kg

1.2.2 Schlussfolgerungen für die Trainingssteuerung und Trainingsplanung

Durch den Mehrwiederholungskrafttest lässt sich in der Trainingsplanung auf die Intensität schließen. In der Trainingsplanung werde ich mit der ILB-Methode arbeiten und da ich die Person als Fortgeschritten einstufe, liegt die Intensität somit bei 70-90% ILB. Da der Test auf den Übungen, welche auch im Training durchgeführt werden basiert hat man zudem einen guten Vergleichswert für einen erneuten Krafttest nach einer bestimmten, den Zielen entsprechenden, Zeit.

Dieser Krafttest wurde für den 2. Mesozyklus durchgeführt, da in diesem Mesozyklus die Wiederholungszahl bei 12 liegt. Um die Entwicklung nach den anderen Mesozyklen nachvollziehen zu können, müssten weitere Krafttest mit den jeweiligen Wiederholungszahlen durchgeführt werden.

2 Teilaufgabe 2 – Zielsetzung/Prognose

Tab. 4: Ziele auf Basis der Diagnosedaten

	Zielinhalt	Ausmaß	Zeit
1	Muskelhypertrophie	mindestens 2 kg	6 Monate
2	Kraftsteigerung	10.00%	in den 8 Wochen des 2. Mesozyklus
3	Sprungkraft verbessern	5cm	6 Monate

2.1 Begründung der Auswahl der Ziele

Da eines der Trainingsmotive der Person der Muskelaufbau ist, haben wir eine Muskelhypertrophie von mindestens zwei Kilogramm in sechs Monaten als erstes Ziel festgelegt. Dieses ist aufgrund des guten allgemeinen Gesundheitszustand auch machbar.

Ihr zweites Trainingsmotiv ist es die allgemeine Fitness zu verbessern. Daraus haben wir das zweite und dritte Trainingsziel abgeleitet, da man anhand des Erreichens dieser Ziele darauf schließen kann das sich ihre allgemeine Fitness verbessert hat. Auch diese Ziele sind auf den Gesundheitszustand bezogen machbar.

Hierbei ist zu berücksichtigen das man für das dritte Ziel (Sprungkraft verbessern) einen extra Test vor dem Training machen muss. Ohne diesen Test kann man die mögliche Entwicklung nicht dokumentieren.

→ Sprungkraft der Person: 2,59 m

3 Teilaufgabe 3 – Trainingsplanung Makrozyklus

Tab. 5: Trainingsplanung nach dem deduktiven trainingsmethodischen Ansatz (ILB-Methode)

	umfangs-orientiertes Krafttraining		intensitätsorientiertes Krafttraining	
Zyklusdauer	6 Wochen	8 Wochen	8 Wochen	6 Wochen
Trainingsziel	Kraftausdauer-training	Muskelaufbau	Muskelaufbau	Maximalkraft
Einheiten/Woche	3	3	3	3
Organisations-form	GK/Station	GK/Station	GK/Station	GK/Station
Übungen/Muskelgruppe	1-2	1-2	1-2	1-2
Sätze/Übung	3	3	3	3
Wiederholungen	15	12	8	6
Satzpausen	60 Sekunden	60 Sek.	60 Sek.	90 Sek.
Intensität*	70-90% ILB	70-90% ILB	70-90% ILB	70-90% ILB
Bewegungstempo	zügig, kontrolliert dynamisch	zügig, kontrolliert dynamisch	zügig, kontrolliert dynamisch	zügig, kontrolliert dynamisch

* 70-90% des maximal Gewichts für die jeweillige Wiederholungszahl des Mesozyklus (ermittelt mit dem ILB-Test)

3.1 Trainingsmethode

Als Trainingsmethode habe ich die ILB-Methode gewählt. Diese Methode richtet sich nach der Krafttrainingserfahrung, spezieller nach der Frage wie lange man schon Krafttraining betreibt.

Durch diese Methode wird die Person als Fortgeschritten eingestuft, was auch mit ihrem guten allgemeinen Gesundheitszustand und ihrer damit verbundenen Leistungsfähigkeit vereinbar ist.

3.2 Belastungsparameter

Die Belastungsparameter habe ich so gewählt das die Person sehr intensiv trainiert. Da sie aber nicht bis zur vollkommenen Erschöpfung trainieren soll, wähle ich eine Intensität von 70-90% ILB (A.Güllich, D.Schmidtbleicher, 1999, S. 228). Für ihren Beruf, der mit großer körperlicher Anstrengung verbunden ist, ist es von großer Bedeutung durch das Training nicht schon komplett ausgelastet zu sein. Somit wird zudem ein Übertraining vermieden und es sind keine langen Regenerationszeiten notwendig. Dadurch ist zudem gegeben das sie dreimal pro Woche trainieren kann (Wirth, Atzor & Schmidtbleicher, 2007, S.180).

Beim Belastungsumfang habe ich mich für ein Mehrsatz-Training entschieden, da es effektiver ist (Eifler, 2013, S. 42) um ihr Ziel, den Muskelaufbau, zu erreichen.

3.3 Organisationsform

Das Ganzkörpertraining ist für die Person die beste Organisationsform, da ihr zeitlicher Verfügungsrahmen auf drei Einheiten pro Woche begrenzt ist (Eifler, 2013, S. 50). Somit hat sie trotzdem für den gesamten Körper ein effektives Training. Außerdem absolviert sie ein Stationstraining, da sie zwar schon Krafttrainingserfahrung hat, jedoch nie mit einem spezifischen Trainingsplan gearbeitet hat. Somit soll sie nicht durch ein Zirkeltraining überfordert werden.

3.4 Periodisierung

Die klassische lineare Periodisierung ist optimal geeignet um die Trainingsziele der Person zu erreichen. Hierbei steigt die Intensität immer weiter an, was dazu führt das sie sich nicht unterfordert fühlt im laufe ihres Trainings. Diese Art der Periodisierung zielt vorallem auf eine Steigerung der Kraft ab (Eifler, 2013, S. 57). Allgemein liegt der Fokus auf dem Muskelaufbautraining, womit auch dieses Ziel abgedeckt ist.

4 Teilaufgabe 4 – Trainingsplanung Mesozyklus

Tab. 6: Mesozyklusplan mit dem Ziel des Muskelaufbaus

Zyklusdauer	8 Wochen
spezifisches Trainingsziel	Muskelaufbau
Einheiten/Woche	3
Organisationsform	Ganzkörper / Station
Übungen/Muskelgruppe	1-2
Sätze/Übung	3
Satzpausen	60 Sekunden
Wiederholungen	12
Intensität	1. und 2. Woche 70% ILB 3. - 6. Woche 80 % ILB 7. und 8. Woche 90% ILB
Bewegungstempo	zügig, kontrolliert dynamisch
Übungen	Kurzhantel-Ausfallschritte, Butterflymaschine, Beinpresse, Rumpfextension Maschine, Latzug vertikal (weiter Obergriff), Rumpfflexion Maschine, Armstrecken Seilzug, Bizepscurls auf Schrägbank

4.1 Übergeordnetes Konzept der Übungsauswahl

Bei der Übungsauswahl liegt der Schwerpunkt auf Übungen an geführten Maschinen. Die Person hat zwar ein Jahr Trainingserfahrung, jedoch soll Möglichkeit einer Fehlerbildung so gering wie möglich gehalten werden und somit auch die Verletzungsgefahr reduziert werden (Eifler, 2013, S. 121). Zudem hat man durch die vorgegebene Bewegungsführung der Maschinen ein besser isoliertes Training der einzelnen Muskeln/Muskelgruppen.

Um das Training nicht zu einseitig zu gestalten werden die Maschinenübungen durch einzelne eingelenkige Übungen am Seilzug und mit freien Gewichten ergänzt. Hier ist das Fehlerbildungsrisiko auch noch relativ gering (Eifler, 2013, S.121).

Allgemein wurde der Schwerpunkt auf keine bestimmte Muskelgruppe gelegt, da die Person allgemein ihre Kraft steigern möchte und nicht nur bei einer bestimmten Muskelgruppe.

4.2 Begründung der Auswahl der einzelnen Übungen

Kurzhantel-Ausfallschritte: Mit dieser Übung wird der musculus quadriceps femoris und der musculus gluteus maximus angesprochen.

Beinpresse: Hier wird der musculus quadriceps femoris, der musculus gluteus maximus und der musculus biceps femoris trainiert.

→ Diese beiden Übungen trainieren somit die untere Körperhälfte und formen diese. Die Person hat somit den Nutzen der Körperstraffung, was besonders bei weiblichen Personen große Bedeutung hat. Außerdem wird mit diesen Übungen ein Großteil der Beinmuskulatur abgedeckt, was ein extra Beintraining unnötig macht.

Latzug vertikal (weiter OG): Bei dieser Übung wird der musculus latissimus dorsi, der musculus trapezius pars ascendens, der musculus rhomboideus minor et major und der musculus teres major angesprochen.

→ Diese Übung hilft der Person ihren Rücken zu stärken. Somit wird sie bei langfristiger Ausübung ihres Berufs (hauptsächlich sitzend) mit geringerer Wahrscheinlichkeit Rückenprobleme bekommen.

Auch das training an der Rumpfextension und Rumpfflexion helfen Rückenproblemen vorzubeugen, da somit die ganze Körpermitte gekräftigt wird.

Bei der Rumpfextension wird der musculus erector spinae und bei der Rumpfflexion der musculus obliquus externus abdominis, der musculus abliquus internus abdominis und der musculus rectus abdominis trainiert.

Butterflymaschine: Dabei wird der musculus pectoralis major angesprochen. Mit dieser Übung hast du somit den größten Teil der Brust trainiert und für die Person hat es den Nutzen der Stabilisation der Brust.

Armstrecken Seilzug: Mit dieser Übung wird der musculus triceps brachii und der musculus anconaeus trainiert.

Bizepscurls auf Schrägbank: Hier wird der musculus biceps brachii und der musculus brachialis angesprochen.

Mit diesen beiden Übungen wird das Ganzkörpertraining abgeschlossen. Hier ist der größte Teil der Armmuskeln beansprucht. Da eine Kraftsteigerung als Ziel gesetzt wurde, habe ich 2 extra Übungen für die Arme eingefügt um diese zu stärken.

5 Teilaufgabe 5 – Literaturrecherche

Tab. 7: erste Studie zu den Effekten des Krafttrainings bei Rückenbeschwerden (modifiziert nach Goebel, Schmidtbleicher & Stephan, 2011)

Wer hat die Studie durchgeführt?	Frau Stephan, Herr Goebel, Herr Prof. Dr. Schmidtbleicher
In welchem Jahr wurde die Studie publiziert?	2011
Mit welchen Versuchspersonen wurde die Studie durchgeführt?	hauptsächlich Personen mit Rückenschmerz im Chronifizierungsstadium 1 mit moderatem Schmerzniveau + eine Kontrollgruppe (WartelisteKontrollgruppe) → freiwillige, motivierte Teilnehmer
Wie sah der Versuchsaufbau der Studie aus?	-progressives, hypertrophieorientiertes Krafttraining an Trainingsmaschinen mit variablem Widerstand -Trainingszeitraum: ca. 24,5 (±2,0) Wochen, 1,6 mal (±0,4) pro Woche -Übungen für alle großen Muskelgruppen -Trainingseinweisung durch qualifiziertes Personal (Trainingseinheit 1-3) -Trainingskontrollen + ggf. Trainingsanpassungen (10. + jedes 20. Training) -Kontrollgruppe keine Trainingsmaßnahmen -2 Schmerzskalen (Medical Outcomes Study, Oswestry Disability Index) + Maximalkraftmessung der Lumbalextensoren -Datenauswertung durch SPSS Statistics 17.0
Welche relevanten Ergebnisse und Schlussfolgerungen lieferte die Studie?	-20 Personen der Trainingsgruppe schmerzfrei (vorher leichte – mäßige/starke Schmerzen) -6 Personen der Kontrollgruppe schmerzfrei (vorher sehr leichte Schmerzen) -Verbesserungen auf der Skala PS vergleichbar, jedoch bei Trainingsgruppe früher -Senkung durchschnittliche Schmerzstärke um 38,2% in Trainingsgruppe und 25,6% in

	Kontrollgruppe → klinisch bedeutsam nur die Werte der Trainingsgruppe
	-lumbale Extensionskraft nahm nur bei Trainingsgruppe zu
	→ selbstständiges Ganzkörpertraining, mit 6 Einheiten im Monat, hilft Personen mit Rückenschmerz im Anfangsstadium Schmerzen zu senken und Kraft zu steigern

Tab. 8: zweite Studie zu den Effekten des Krafttrainings bei Rückenbeschwerden (modifiziert nach G.Huber, 2008)

Wer hat die Studie durchgeführt?	G. Huber
In welchem Jahr wurde die Studie publiziert?	2008
Mit welchen Versuchspersonen wurde die Studie durchgeführt?	Mitarbeiter des Werkes Wörth der Daimler AG (vor allem Mitarbeiter mit lumbalen Rückenschmerzen)
Wie sah der Versuchsaufbau der Studie aus?	-maschinengestütztes Kräftigungstraining der Rückenmuskulatur am Arbeitsplatz -mobiles Krafttrainingsgerät (Lumbalextension) -Kraftmessungen + Fragebogen zu Beginn und nach jeder 16. Trainingseinheit -Auswertung: varianzanalytische Verfahren, Korrelationsberechnungen, Effektstärkeberechnungen
Welche relevanten Ergebnisse und Schlussfolgerungen lieferte die Studie?	-Verbesserung der körperlichen Leistungsfähigkeit -Kraftsteigerung (vor allem der Lumbalextensoren) -Verbesserung rückenbezogene Funktion → rückenbedingte Arbeitsunfähigkeit wird reduziert (+ erhöhte Leistungsfähigkeit am Arbeitsplatz)

6 Literaturverzeichnis

Eifler, C. (2013). Empirische Überprüfung der Effekte verschiedener Ansätze zur Intensitätssteuerung im fitnessorientierten Krafttraining. Dissertation, Universität des Saarlandes. Saarbrücken.

Güllich, A. & Schmidtbleicher, D. (1999). Struktur der Kraftfähigkeiten und ihrer Trainingsmethoden. Deutsche Zeitschrift für Sportmedizin, 50 (7/8), 223-234.

Huber, G. (2008). Krafttraining und Prävention von Rückenschmerzen. Zeitschrift für Orthopädie, Orthopädische Chirurgie und Unfallchirurgie, 44 (3), 107-110.

Robert Koch Institut. (2015). Zahlen und Trends aus der Gesundheitsberichterstattung des Bundes. Hoher Blutdruck: Ein Thema für alle. GBE kompakt, 4, 1-12.

Stephan, A., Goebel, S. & Schmidtbleicher, D. (2011). Effekte maschinengestützten Krafttrainings in der Behandlung chronischen Rückenschmerzes. Deutsche Zeitschrift für Sportmedizin, 62 (3), 69-74.

Wirth, K., Atzor, K. R. & Schmidtbleicher, D. (2007). Veränderungen der Muskelmasse in Abhängigkeit von Trainingshäufigkeit und Leistungsniveau. Deutsche Zeitschrift für Sportmedizin, 58 (6), 178-183.

BEI GRIN MACHT SICH IHR WISSEN BEZAHLT

- Wir veröffentlichen Ihre Hausarbeit, Bachelor- und Masterarbeit

- Ihr eigenes eBook und Buch - weltweit in allen wichtigen Shops

- Verdienen Sie an jedem Verkauf

Jetzt bei www.GRIN.com hochladen und kostenlos publizieren